Impressum
Verlag: BABADADA GmbH, Nedderfeld 112 , 22529 Hamburg
Geschäftsführer / Verlagsleitung: Harald Hof
Druck: Books on Demand GmbH, In de Tarpen 42, 22848 Norderstedt

Imprint
Publisher: BABADADA GmbH, Nedderfeld 112 , 22529 Hamburg, Germany
Managing Director / Publishing direction: Harald Hof
Print: Books on Demand GmbH, In de Tarpen 42, 22848 Norderstedt, Germany

escuela
skole

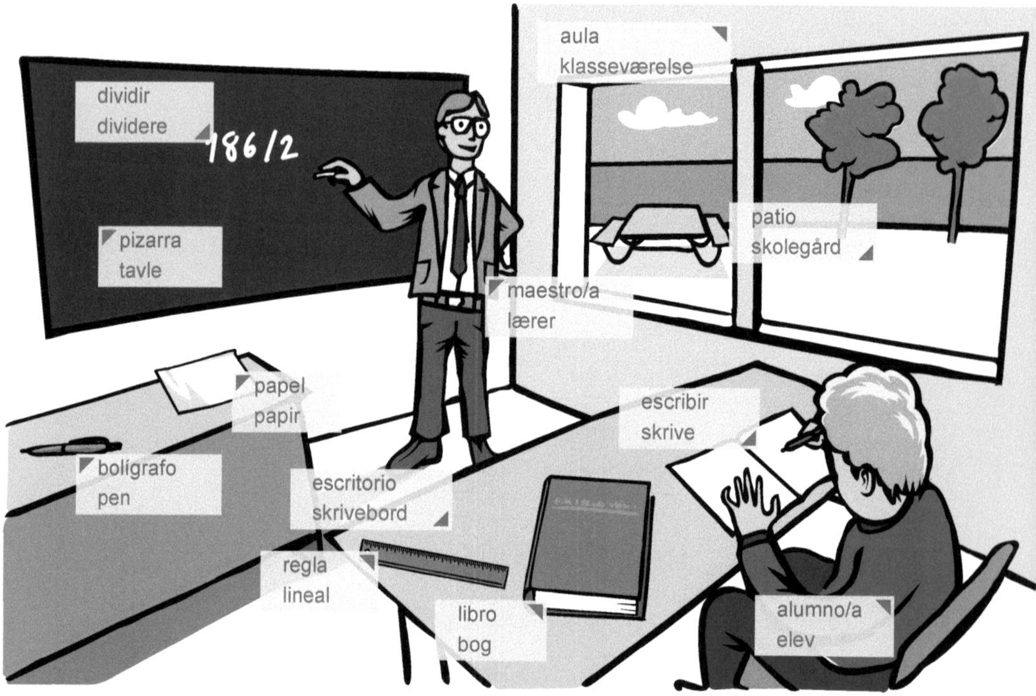
aula
klasseværelse
dividir
dividere
186/2
pizarra
tavle
patio
skolegård
maestro/a
lærer
papel
papir
escribir
skrive
bolígrafo
pen
escritorio
skrivebord
regla
lineal
libro
bog
alumno/a
elev

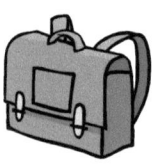

cartera
....
skoletaske

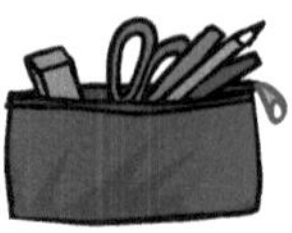

caja de lápices
....
penalhus

lápiz
....
blyant

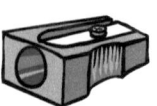

sacapuntas
....
blyantspidser

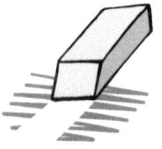

goma de borrar
....
viskelæder

cuaderno de dibujo
....
tegneblok

dibujo
tegning

pincel
pensel

caja de pinturas
æske med vandfarver

tijeras
saks

pegamento
lim

cuaderno de ejercicios
opgavehefte

deberes
lektie

número
tal

sumar
addere

restar
subtrahere

multiplicar
multiplicere

calcular
regne

letra
bogstav

alfabeto
alfabet

palabra
ord

texto

tekst

leer

læse

tiza

kridt

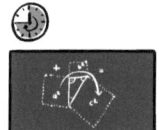

lección

time

cuaderno de notas

klasseprotokol

examen

eksamen

certificado

karakterbog

uniforme escolar

skoleuniform

educación

uddannelse

enciclopedia

leksikon

universidad

universitet

microscopio

mikroskop

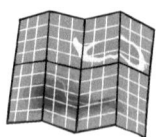

mapa

kort

papelera

papirkurv

hotel
hotel

albergue
herberg

ROOMS

oficina de cambio de divisas
vekselkontor

EXCHANGE

maleta
kuffert

coche
bil

idioma
sprog

sí / no
ja / nej

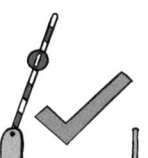

Vale
okay

hola
hej

traductor
oversætter

Gracias
tak

¿cuánto es…?

hvad koster…?

No entiendo

Jeg forstår ikke

problema

problem

¡Buenas tardes!

God aften!

¡Buenos días!

God morgen!

¡Buenas noches!

God nat!

adiós

farvel

dirección

retning

equipaje

bagage

bolsa

taske

mochila

rygsæk

invitado

gæst

habitación

værelse

saco de dormir

sovepose

tienda de campaña

telt

información turística

turistinformation

playa

strand

tarjeta de crédito

kreditkort

desayuno

morgenmad

almuerzo

middagsmad

cena

aftensmad

billete

billet

ascensor

elevator

sello

frimærke

frontera

grænse

aduana

told

embajada

ambassade

visa

visum

pasaporte

pas

transporte
transport

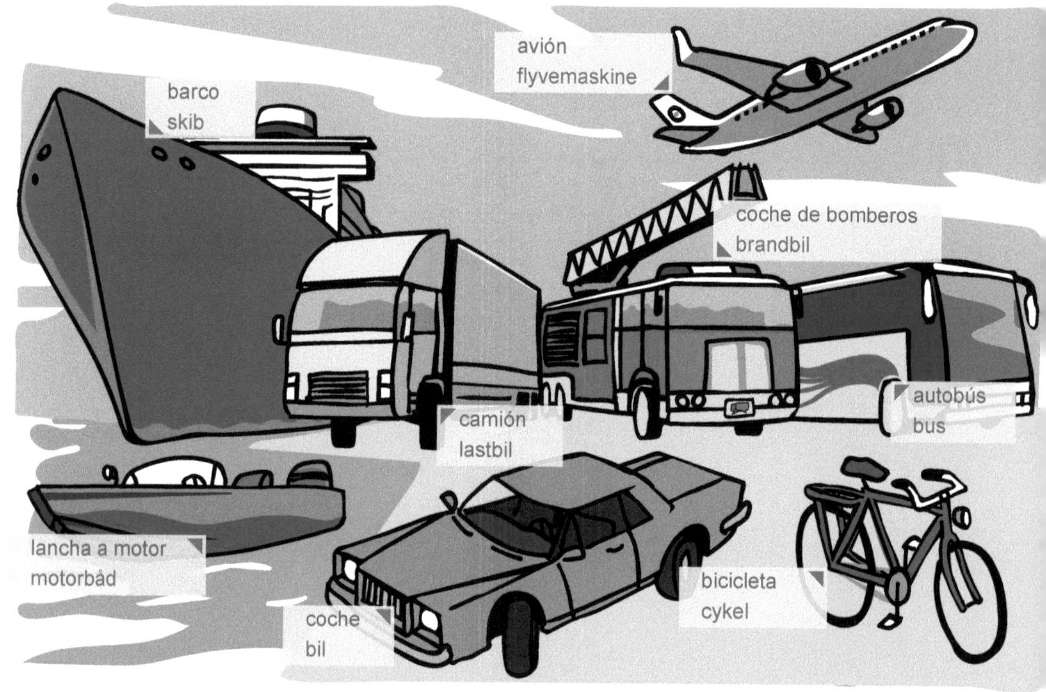

avión
flyvemaskine
barco
skib
coche de bomberos
brandbil
camión
lastbil
autobús
bus
lancha a motor
motorbåd
bicicleta
cykel
coche
bil

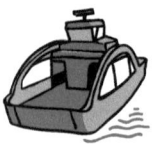

transbordador

færge

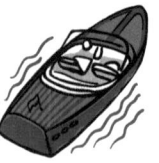

barca

båd

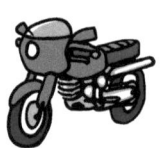

moto

motorcykel

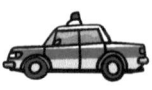

coche de policía

politibil

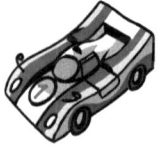

coche de carreras

racerbil

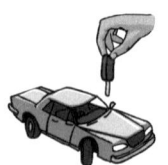

coche de alquiler

lejebil

préstamo de vehículos

samkørsel

grúa

kranbil

camión de la basura

skraldebil

motor

motor

gasolina

benzin

gasolinera

tankstation

señal de tráfico

trafikskilt

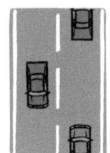

tráfico

trafik

atasco

trafikprop

aparcamiento

parkeringsplads

estación de tren

banegård

vías

skinner

tren

tog

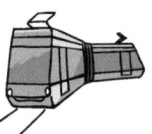

tranvía

sporvogn

vagón

wagon

helicóptero

helikopter

aeropuerto

lufthavn

torre

tårn

pasajero

passager

contenedor

container

caja de cartón

karton

carretilla

kærre

cesta

kurv

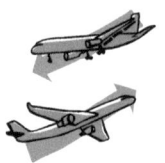

despegar / aterrizar

starte / lande

ciudad
by

pueblo

landsby

centro de ciudad

bymidte

casa

hus

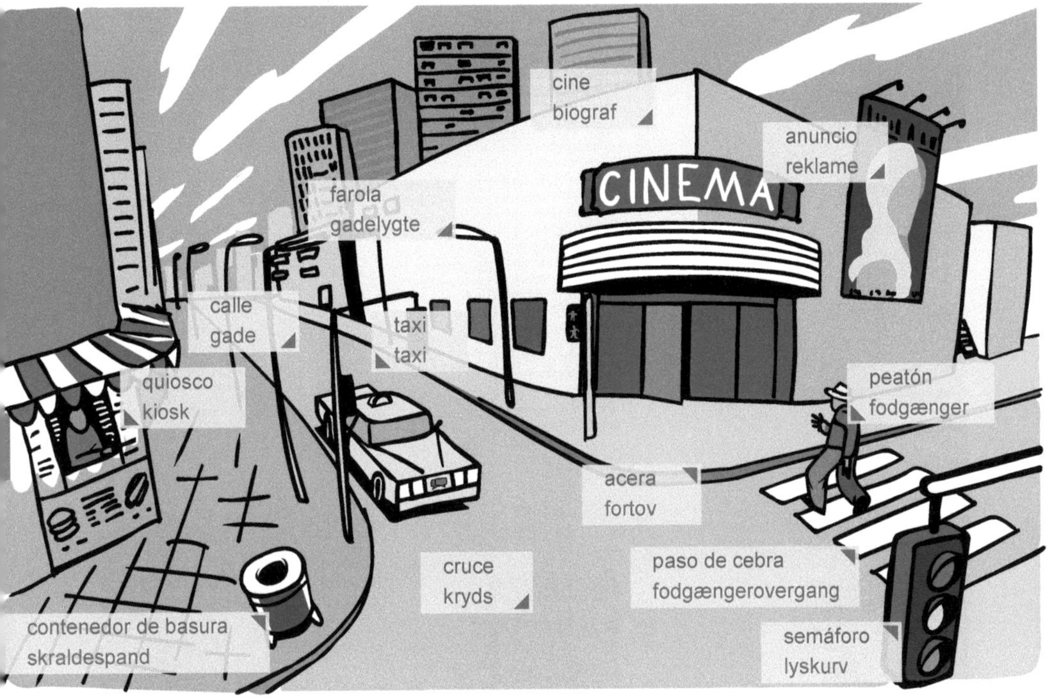

cine
biograf

anuncio
reklame

farola
gadelygte

CINEMA

calle
gade

taxi
taxi

peatón
fodgænger

quiosco
kiosk

acera
fortov

cruce
kryds

paso de cebra
fodgængerovergang

contenedor de basura
skraldespand

semáforo
lyskurv

cabaña
....
hytte

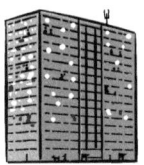

apartamento
....
lejlighed

estación de tren
....
banegård

ayuntamiento
....
rådhus

museo
....
museum

escuela
....
skole

universidad

universitet

banco

bank

hospital

sygehus

hotel

hotel

farmacia

apotek

oficina

kontor

librería

boghandel

tienda

butik

floristería

blomsterbutik

supermercado

supermarked

mercado

marked

grandes almacenes

stormagasin

pescadería

fiskehandler

centro comercial

butikscenter

puerto

havn

parque
park

banco
bænk

puente
bro

escaleras
trappe

metro
undergrundsbane

túnel
tunnel

parada de autobús
busstoppested

bar
barnevogn

restaurante
restaurant

buzón
postkasse

poste indicador
vejskilt

parquímetro
parkometer

zoo
zoo

piscina
badeanstalt

mezquita
moske

granja
bondegård

contaminación
miljøforurening

cementerio
kirkegård

iglesia
kirke

patio de juego
legeplads

templo
tempel

paisaje
landskab

hoja
blad

señal
vejviser

camino
vej

prado
eng

piedra
sten

árbol
træ

excursionista
vandrer

río
flod

hierba
græs

flor
blomst

valle

dal

colina

bjerg

lago

sø

bosque

skov

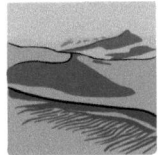

desierto

ørken

volcán

vulkan

castillo

slot

arcoíris

regnbue

champiñón

svamp

palmera

palme

mosquito

moskito

mosca

flue

hormiga

myre

abeja

bi

araña

edderkop

escarabajo
bille

rana
frø

ardilla
egern

erizo
pindsvin

liebre
hare

lechuza
ugle

pájaro
fugl

cisne
svane

jabalí
vildsvin

ciervo
hjort

alce
elg

presa
dæmning

turbina eólica
vindmølle

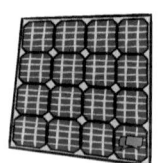

panel solar
solcellemodul

clima
klima

restaurante

restaurant

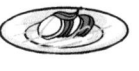

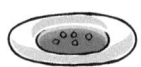

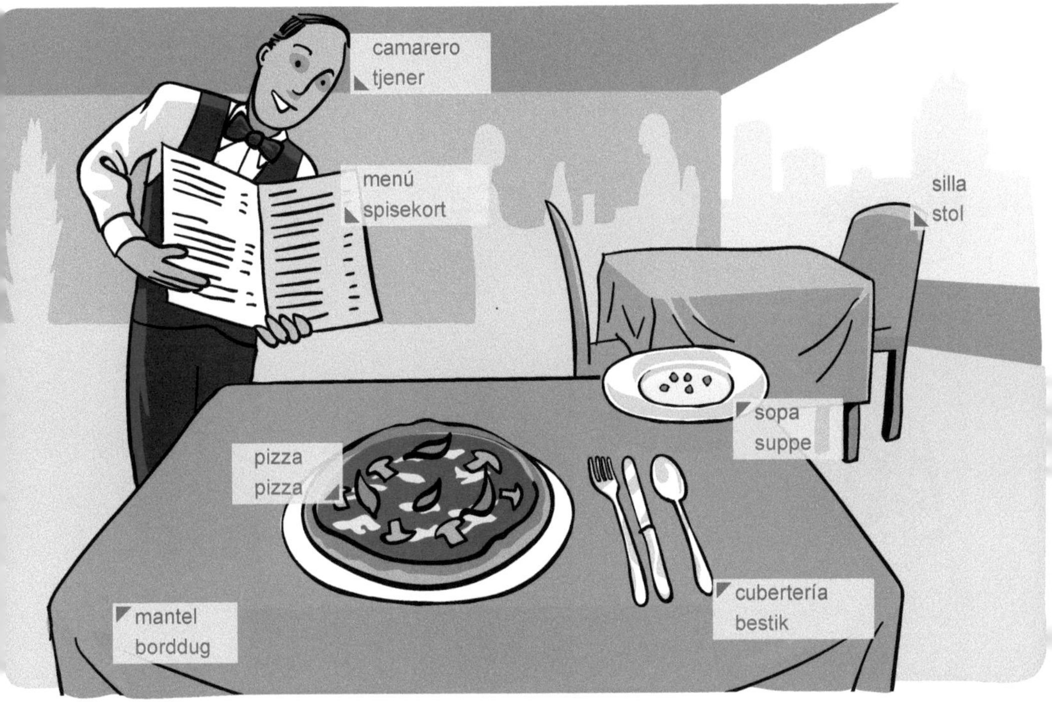

camarero
tjener
menú
spisekort
silla
stol
sopa
suppe
pizza
pizza
cubertería
bestik
mantel
borddug

primer plato

forret

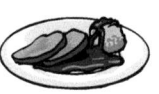

plato principal

hovedret

postre

dessert

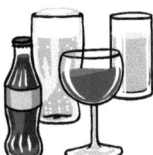

bebidas

drikkevarer

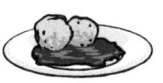

comida

mad

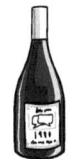

botella

flaske

comida rápida

fastfood

comida callejera

streetfood

tetera

tekande

azucarero

sukkerdåse

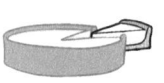

porción

portion

cafetera expreso

espressomaskine

trona

barnestol

cuenta

faktura

bandeja

tablet

cuchillo

kniv

tenedor

gaffel

cuchara

ske

cucharilla

teske

servilleta

serviet

vaso

glas

restaurante - restaurant

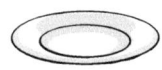

plato

tallerken

plato hondo

dyb tallerken

platillo

underkop

salsa

sovs

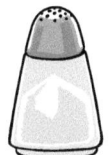

salero

saltbøsse

molinillo de pimienta

peberkværn

vinagre

eddike

aceite

olie

especias

krydderier

ketchup

ketchup

mostaza

sennep

mayonesa

mayonnaise

supermercado
supermarked

oferta especial
tilbud
FOR
cliente
kunde
lácteos
mælkeprodukter
fruta
frugt
carro de la compra
indkøbsvogn

BUTCHERS

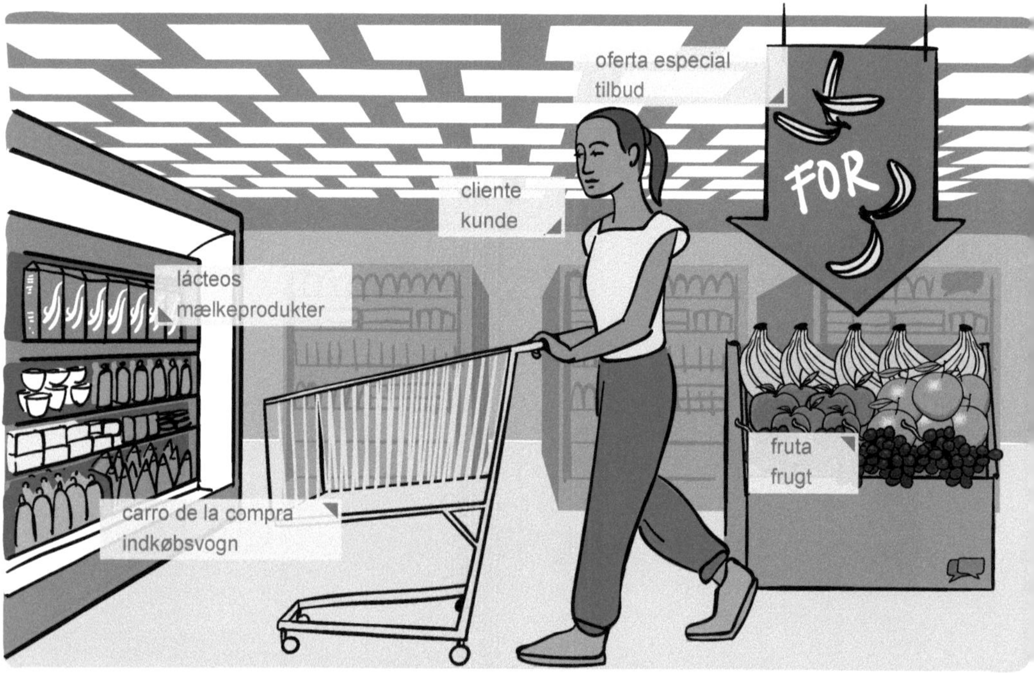

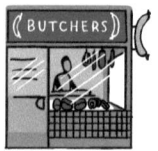

carnicería
slagter

BAKERY

panadería
bageri

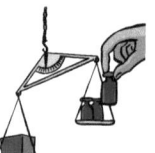

pesar
veje

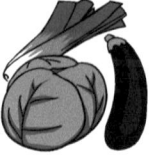

verduras
grøntsager

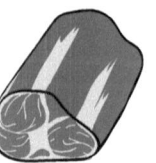

carne
kød

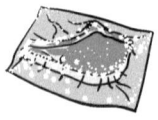

alimentos congelados
frostvarer

fiambres
pålæg

conservas
konserves

detergente en polvo
vaskemiddel

dulces
slik

productos de uso doméstico
husholdningsvarer

productos de limpieza
rengøringsmidler

vendedora
ekspedient

caja
kasse

cajero
kasserer

lista de la compra
indkøbsliste

horario de atención al
público
åbningstider

cartera
tegnebog

tarjeta de crédito
kreditkort

bolsa
taske

bolsa de plástico
plasticpose

agua

vand

zumo

saft

leche

mælk

cola

cola

vino

vin

cerveza

øl

alcohol

alkohol

cacao

kakao

té

te

café

kaffe

expreso

espresso

capuchino

cappuccino

plátano

banan

manzana

æble

naranja

appelsin

melón

melon

limón

citron

zanahoria

gulerod

ajo

hvidløg

bambú

bambus

cebolla

løg

champiñón

svamp

avellanas

nødder

fideos

nudler

espagueti

spaghetti

arroz

ris

ensalada

salat

patatas fritas

pomfritter

patatas fritas

stegte kartofler

pizza

pizza

hamburguesa

hamburger

sándwich

sandwich

filete

schnitzel

jamón

skinke

salami

salami

salchicha

pølse

pollo

kylling

asado

steg

pescado

fisk

copos de avena

havregryn

muesli

mysli

copos de maíz

cornflakes

harina

mel

cruasán

croissant

panecillo

rundstykke

pan

brød

tostada

toast

galletas

kiks

mantequilla

smør

cuajada

kvark

pastel

kage

huevo

æg

huevo frito

spejlæg

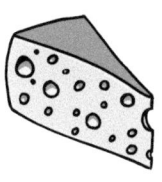

queso

ost

helado

is

azúcar

sukker

miel

honning

mermelada

marmelade

crema de turrón

nougat-creme

curry

karry

granja
bondegård

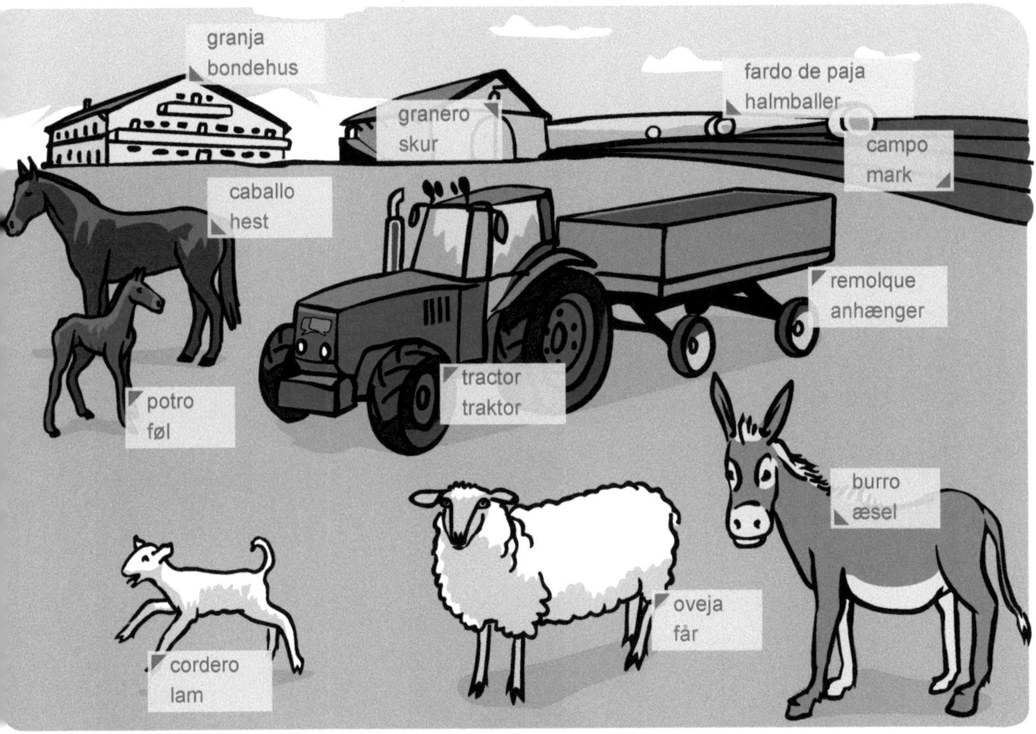

granja
bondehus
granero
skur
fardo de paja
halmballer
campo
mark
caballo
hest
remolque
anhænger
tractor
traktor
potro
føl
burro
æsel
oveja
får
cordero
lam

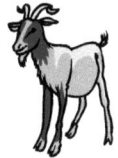

cabra

ged

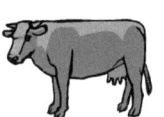

vaca

ko

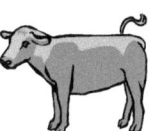

ternero

kalv

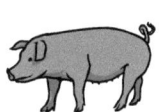

cerdo

svin

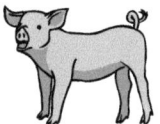

cerdito

gris

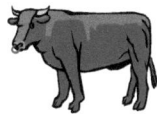

toro

tyr

ganso
gås

pato
and

pollo
kylling

gallina
høne

gallo
hane

rata
rotte

gato
kat

ratón
mus

buey
okse

perro
hund

perrera
hundehus

manguera
haveslange

regadera
vandkande

guadaña
le

arado
plov

hoz

segl

azada

hakkejern

horca

møggreb

hacha

økse

carretilla

trillebør

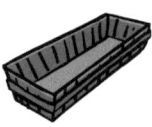

abrevadero

trug

lechera

mælkekande

saco

sæk

valla

hæk

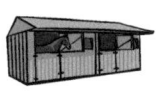

establo

stald

invernadero

drivhus

suelo

jord

semilla

frø

fertilizador

gødning

cosechadora

mejetærsker

cosechar

høste

cosecha

høst

ñame

yams

trigo

hvede

soja

soja

patata

kartoffel

maíz

majs

semilla de colza

raps

árbol frutal

frugttræ

mandioca

maniok

cereales

korn

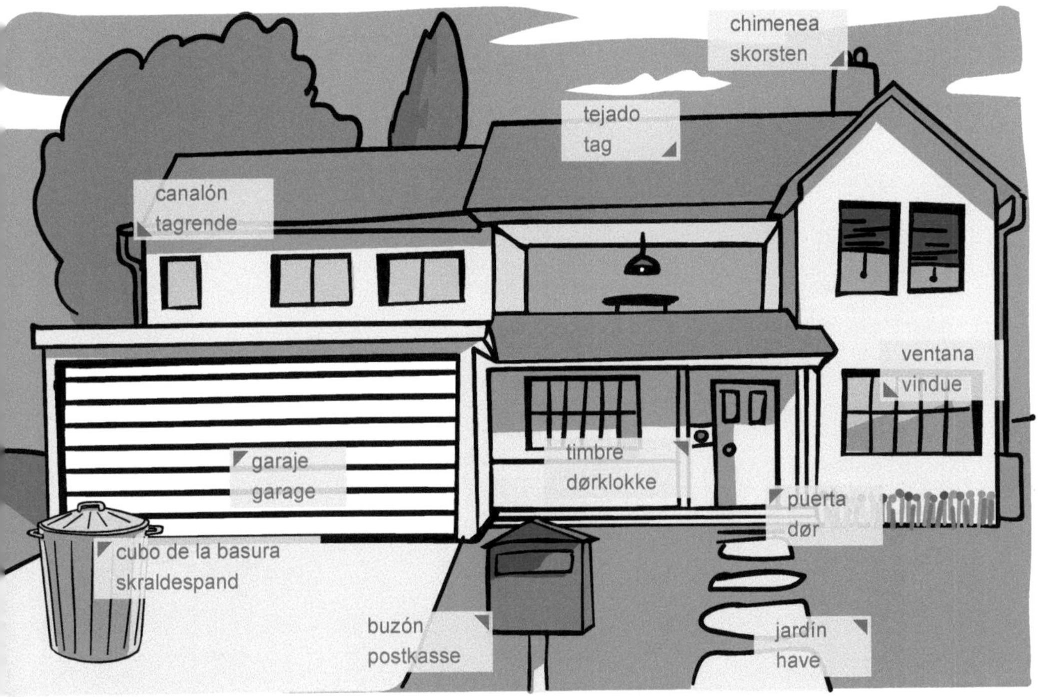

chimenea
skorsten

tejado
tag

canalón
tagrende

ventana
vindue

garaje
garage

timbre
dørklokke

puerta
dør

cubo de la basura
skraldespand

buzón
postkasse

jardín
have

sala
stue

cuarto de baño
badeværelse

cocina
køkken

dormitorio
soveværelse

habitación de los niños
børneværelse

comedor
spisestue

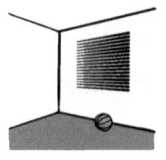

suelo
gulv

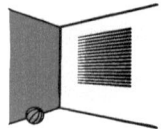

pared
væg

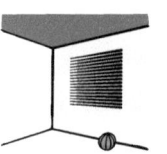

techo
loft

sótano
kælder

sauna
sauna

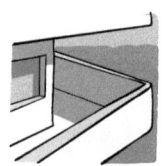

balcón
altan

terraza
terrasse

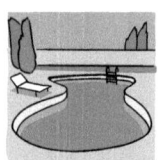

piscina
svømmehal

cortacésped
plæneklipper

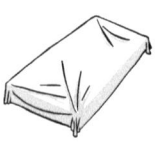

sábana
dynebetræk

colcha
dyne

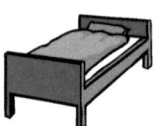

cama
seng

escoba
kost

balde
spand

interruptor
kontakt

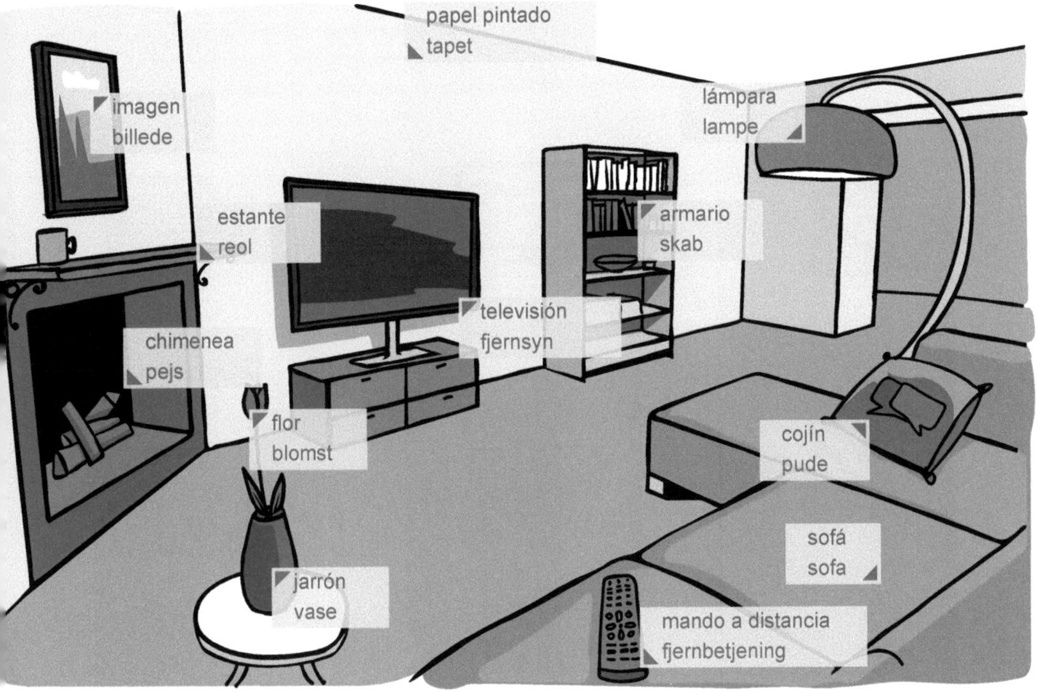

papel pintado
tapet

imagen
billede

lámpara
lampe

estante
reol

armario
skab

chimenea
pejs

televisión
fjernsyn

flor
blomst

cojín
pude

sofá
sofa

jarrón
vase

mando a distancia
fjernbetjening

alfombra
gulvtæppe

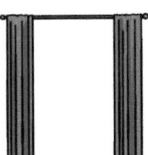

cortina
gardin

mesa
bord

silla
stol

mecedora
gyngestol

butaca
lænestol

libro

bog

manta

tæppe

decoración

dekoration

leña

brænde

película

film

equipo de música

stereoanlæg

llave

nøgle

periódico

avis

pintura

maleri

póster

plakat

radio

radio

cuaderno

notesblok

aspiradora

støvsuger

cactus

kaktus

vela

lys

refrigerador
køleskab

microondas
mikrobølgeovn

balanza de cocina
køkkenvægt

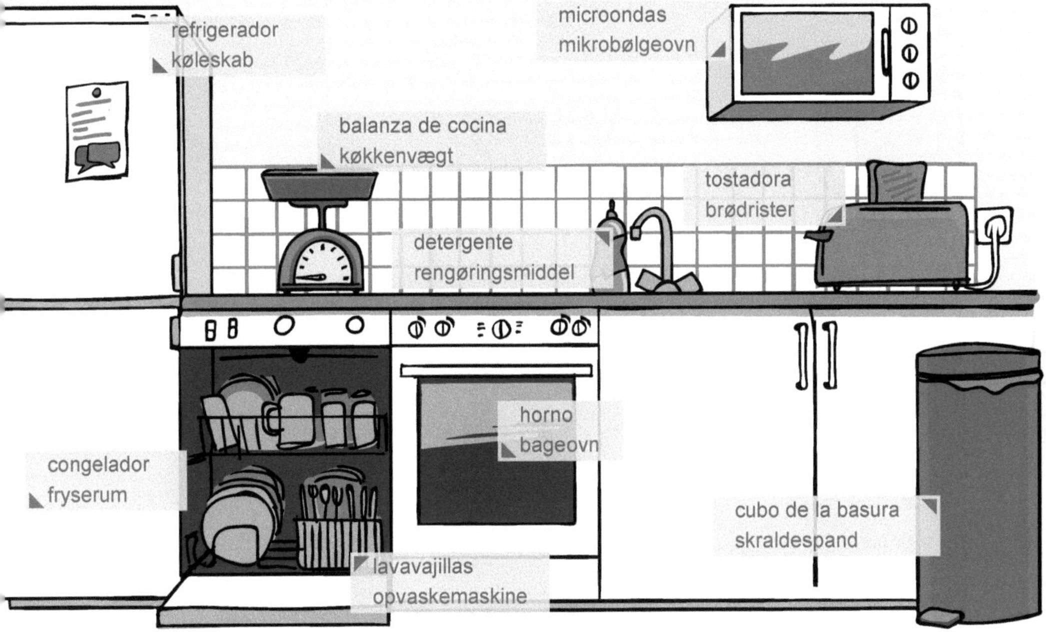

tostadora
brødrister

detergente
rengøringsmiddel

congelador
fryserum

horno
bageovn

cubo de la basura
skraldespand

lavavajillas
opvaskemaskine

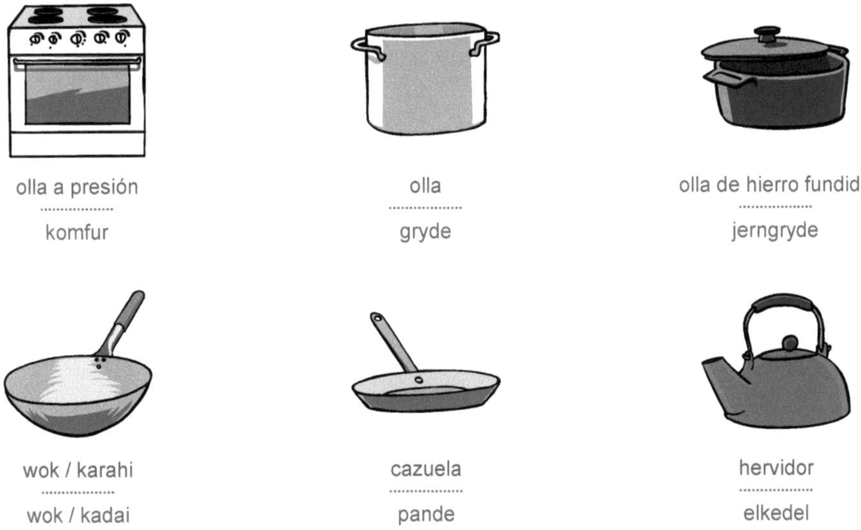

olla a presión

komfur

olla

gryde

olla de hierro fundido

jerngryde

wok / karahi

wok / kadai

cazuela

pande

hervidor

elkedel

vaporera

dampkoger

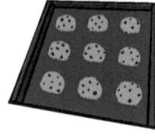

chapa de horno

bageplade

vajilla

service

taza

bæger

tazón

skål

palillos

spisepinde

cucharón

øseske

espumadera

paletkniv

batidor

piskeris

colador

dørslag

cedazo

si

rallador

rive

mortero

morter

barbacoa

grille

hoguera

ildsted

tabla de picar

skærebræt

rodillo

kagerulle

sacacorchos

proptrækker

lata

dåse

abrelatas

dåseåbner

agarrador

grydelap

lavabo

køkkenvask

cepillo

børste

esponja

svamp

batidora

blender

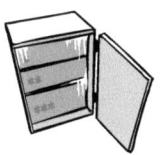

congelador

dybfryser

biberón

sutteflaske

grifo

vandhane

cuarto de baño
badeværelse

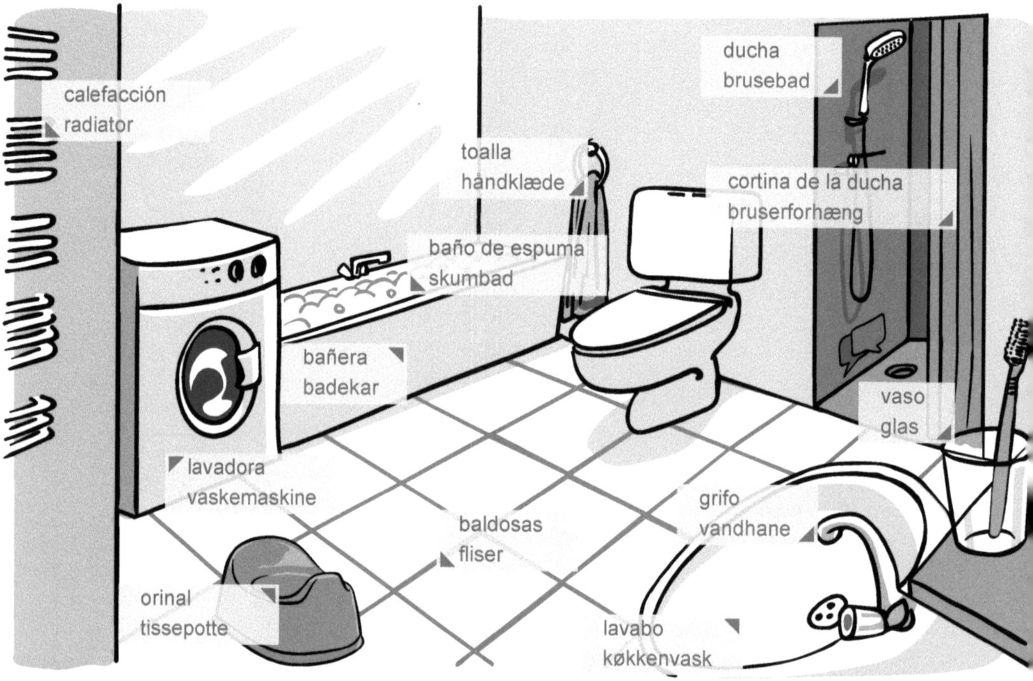
calefacción
radiator
ducha
brusebad
toalla
håndklæde
cortina de la ducha
bruserforhæng
baño de espuma
skumbad
bañera
badekar
vaso
glas
lavadora
vaskemaskine
grifo
vandhane
baldosas
fliser
orinal
tissepotte
lavabo
køkkenvask

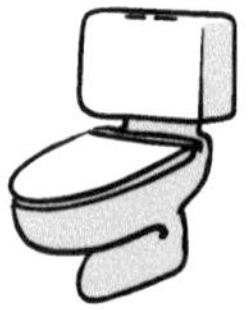

inodoro

toilet

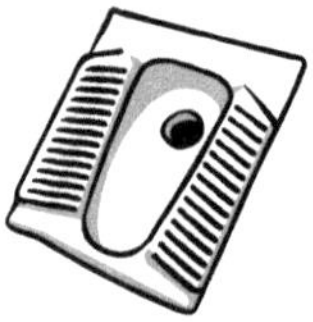

inodoro rústico

hugsiddende toilet

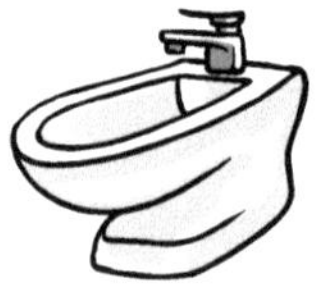

bidé

bidet

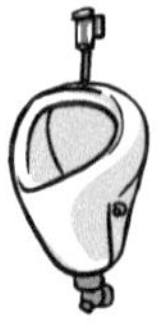

urinario

pissoir

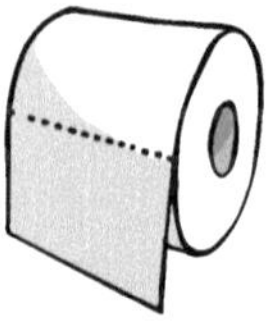

papel higiénico

toiletpapir

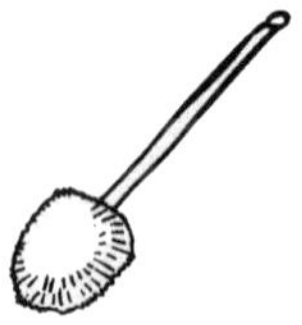

escobilla del váter

toiletbørste

cepillo de dientes

tandbørste

pasta de dientes

tandpasta

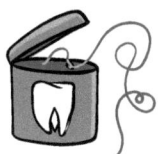

hilo dental

tandtråd

lavar

vaske

ducha de mano

håndbruser

ducha íntima

intimbruser

pila

vaskefad

cepillo de espalda

badebørste

jabón

sæbe

gel de ducha

brusegele

champú

shampoo

toallita

vaskeklud

desagüe

afløb

crema

creme

desodorante

deodorant

espejo

spejl

espejo de tocador

kosmetikspejl

maquinilla de afeitar

barberhøvl

espuma de afeitar

barberskum

loción postafeitado

barbervand

peine

kam

cepillo

børste

secador

hårtørrer

laca

hårspray

maquillaje

makeup

pintalabios

læbestift

pintauñas

neglelak

algodón

vat

cortauñas

neglesaks

perfume

parfume

estuche de viaje

toilettaske

banqueta

skammel

balanza

vægt

albornoz

badekåbe

guantes de goma

gummihandsker

tampón

tampon

compresa

damebind

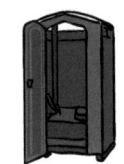

inodoro químico

kemisk toilet

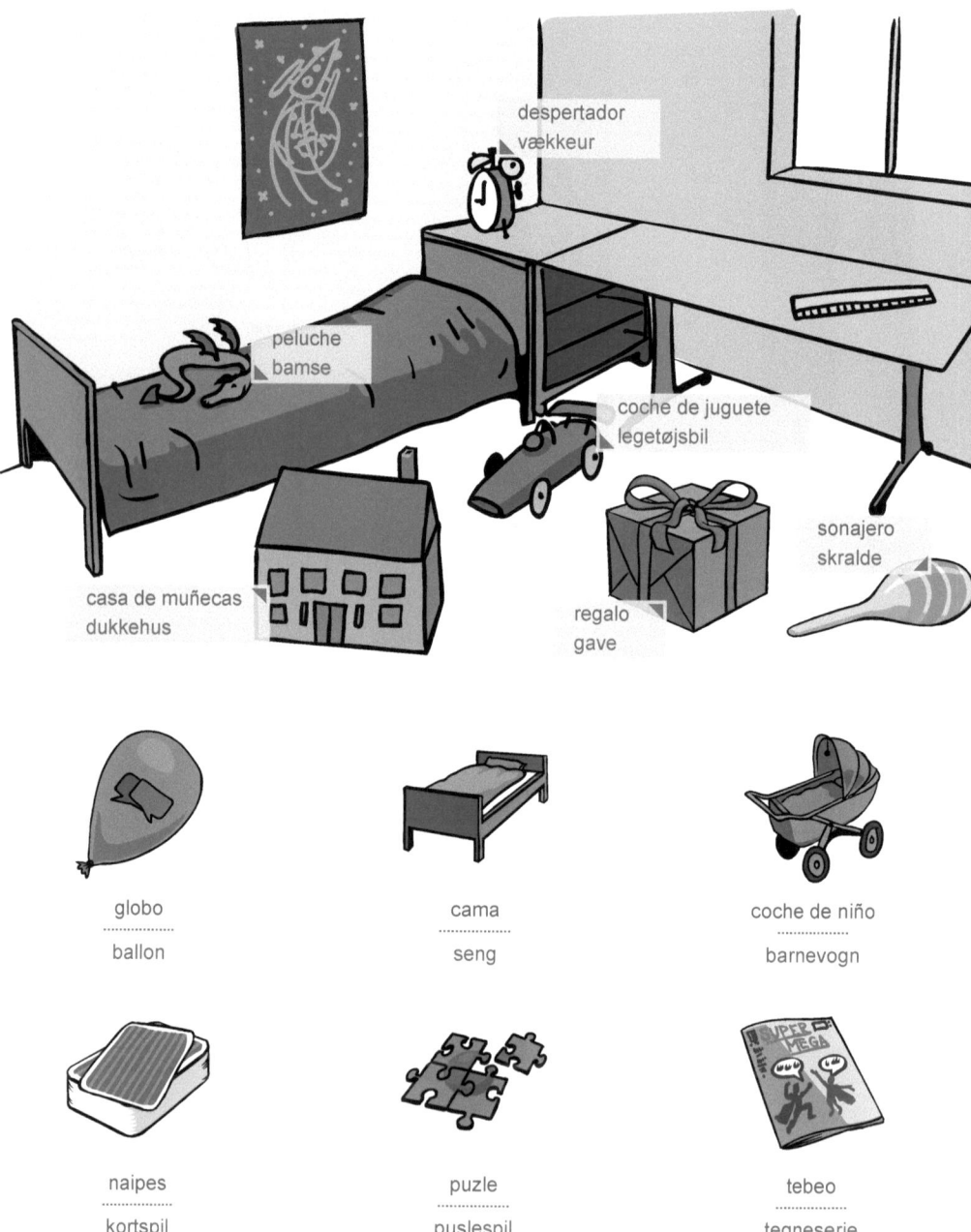

despertador
vækkeur

peluche
bamse

coche de juguete
legetøjsbil

casa de muñecas
dukkehus

sonajero
skralde

regalo
gave

globo
ballon

cama
seng

coche de niño
barnevogn

naipes
kortspil

puzle
puslespil

tebeo
tegneserie

piezas de lego
....
legoklodser

bloques de juguete
....
byggeklodser

figura de acción
....
action figur

bodi (de bebé)
....
sparkedragt

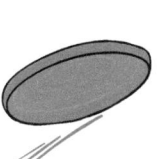

frisbee
....
frisbee

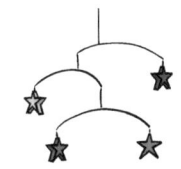

colgador móvil para bebés
....
uro

juego de mesa
....
brætspil

dados
....
terning

circuito de tren eléctrico
....
modeljernbane

maniquí
....
sut

fiesta
....
fest

álbum de fotos
....
billedbog

pelota
....
bold

muñeca
....
dukke

jugar
....
lege

cajón de arena

sandkasse

columpio

gynge

juguetes

legetøj

videoconsola

spillekonsol

triciclo

trehjulet cykel

oso de peluche

bamse

guardarropa

klædeskab

ropa
tøj

calcetines

sokker

medias

strømper

leotardos

strømpebukser

bufanda
sjal

paraguas
paraply

camiseta
T-shirt

cinturón
bælte

botas
støvler

zapatillas
hjemmesko

deportivas
sneakers

sandalias
sandaler

zapatos
sko

botas de goma
gummistøvler

slip
underbukser

sostén
BH

chaleco
undertrøje

bodi

body

pantalones

bukser

vaqueros

jeans

falda

nederdel

blusa

bluse

camisa

skjorte

jersey

pullover

suéter

sweatshirt

blazer

blazer

chaqueta

jakke

abrigo

frakke

gabardina

regnfrakke

traje

kostume

vestido

kjole

vestido de novia

brudekjole

traje

jakkesæt

camisón

nattrøje

pijama

pyjamas

sari

sari

bandana

hovedtørklæde

turbante

turban

burka

burka

caftán

kaftan

abaya

abaya

traje de baño

badedragt

bañador

badebukser

pantalones cortos

korte bukser

chándal

træningsdragt

delantal

forklæde

guantes

handsker

botón

knap

gafas

briller

brazalete

armbånd

collar

kæde

anillo

ring

pendiente

ørering

gorra

hue

percha

bøjle

sombrero

hat

corbata

slips

cremallera

lynlås

casco

hjelm

tirantes

seler

uniforme escolar

skoleuniform

uniforme

uniform

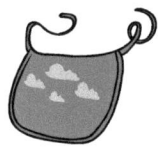

babero

hagesmæk

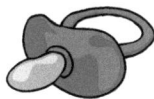

maniquí

sut

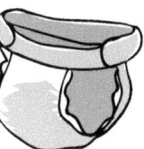

pañal

ble

oficina
kontor

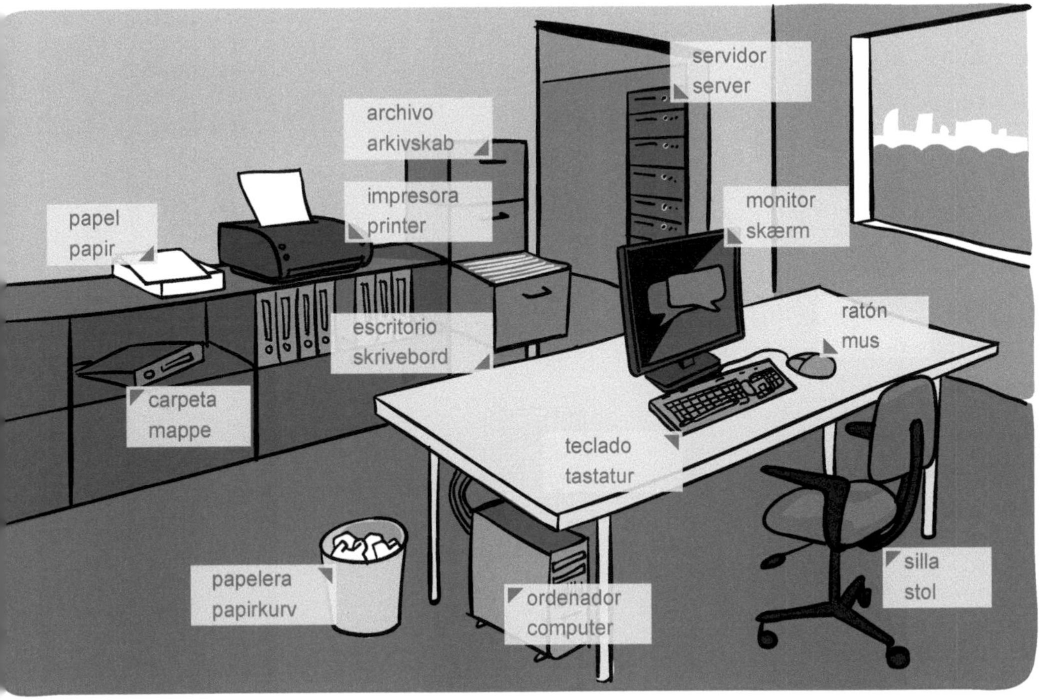
servidor
server
archivo
arkivskab
impresora
printer
papel
papir
monitor
skærm
escritorio
skrivebord
ratón
mus
carpeta
mappe
teclado
tastatur
silla
stol
papelera
papirkurv
ordenador
computer

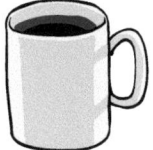

taza de café

kaffekrus

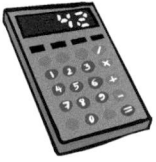

calculadora

lommeregner

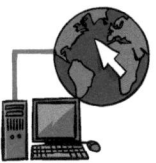

internet

internet

portátil

bærbar

carta

brev

mensaje

besked

móvil

mobil

red

netværk

fotocopiadora

kopimaskine

software

software

teléfono

telefon

toma de corriente

stikdåse

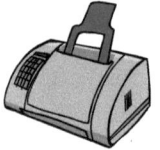

fax

fax

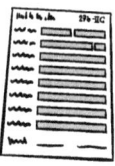

formulario

formular

documento

dokument

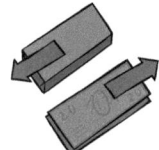

comprar
købe

pagar
betale

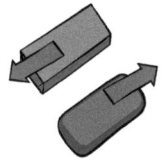

comerciar
handle

dinero
penge

dólar
dollar

euro
euro

yen
yen

rublo
rubel

franco suizo
schweizerfranc

renminbi yuan
renminbi yuan

rupia
rupee

cajero automático
hæveautomat

oficina de cambio de divisas

vekselkontor

oro

guld

plata

sølv

petróleo

olie

energía

energi

precio

pris

contrato

kontrakt

impuesto

skat

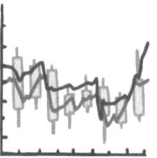

acción

aktie

trabajar

arbejde

empleado

ansat

empleador

arbejdsgiver

fábrica

fabrik

tienda

butik

economía - økonomi

agente de policía
politimand

bombero
brandmand

cocinero
kok

médico
læge

piloto
pilot

jardinero

gartner

carpintero

tømrer

costurera

syerske

juez

dommer

farmacéutico

kemiker

actor

skuespiller

conductor de autobús

buschauffør

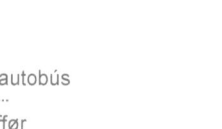

taxista

taxachauffør

pescador

fisker

señora de la limpieza

rengøringskone

techador

tagdækker

camarero

tjener

cazador

jæger

pintor

maler

panadero

bager

electricista

elektriker

obrero

bygningsarbejder

ingeniero

ingeniør

carnicero

slagter

fontanero

vvs-mand

cartero

postbud

soldado
soldat

arquitecto
arkitekt

cajero
kasserer

florista
blomsterhandler

peluquero
frisør

revisor
togfører

mecánico
mekaniker

capitán
kaptajn

dentista
tandlæge

científico
videnskabsmand

rabino
rabbiner

imán
imam

monje
munk

sacerdote
præst

herramientas
værktøj

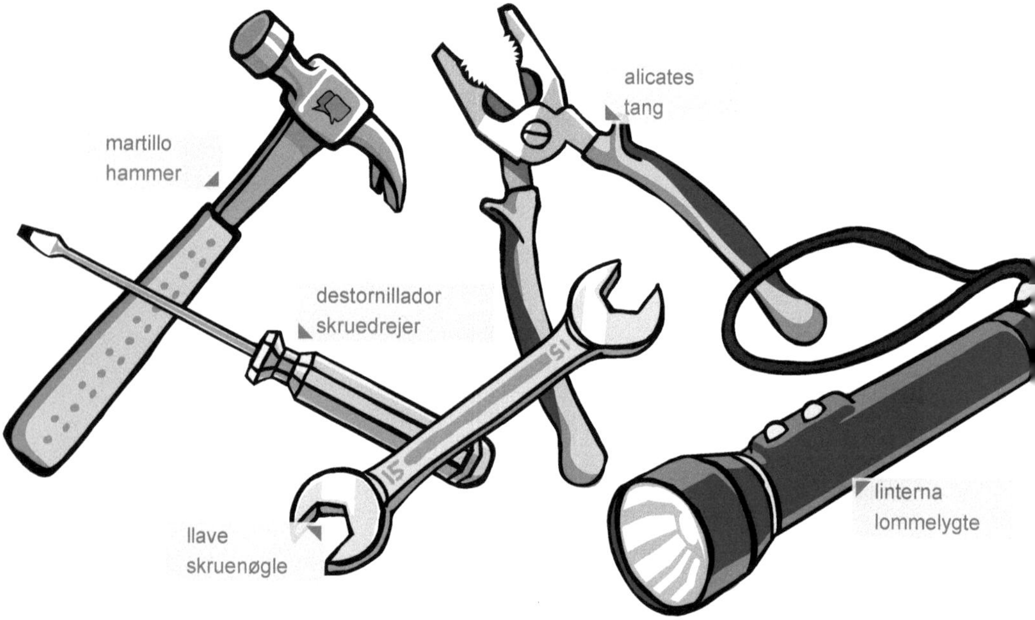
martillo
hammer
alicates
tang
destornillador
skruedrejer
llave
skruenøgle
linterna
lommelygte

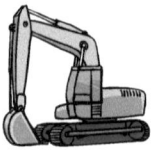

excavadora

gravemaskine

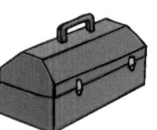

caja de herramientas

værktøjskasse

escalera de mano

stige

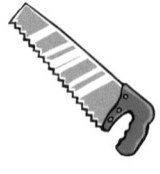

sierra

sav

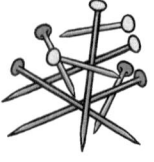

clavos

søm

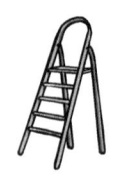

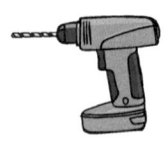

taladro

bor

reparar

reparere

pala

skovl

¡Maldita sea!

Lort!

recogedor

fejebakke

bote de pintura

malerspand

tornillos

skruer

instrumentos musicales

musikinstrumenter

altavoz
højttaler

batería
trommer

guitarra
guitar

contrabajo
kontrabas

trompeta
trompet

piano

klaver

violín

violin

bajo

bas

timbales

pauke

tambor

tromme

teclado

keyboard

saxofón

saxofon

flauta

fløjte

micrófono

mikrofon

instrumentos musicales - musikinstrumenter

ZOO

ZOO

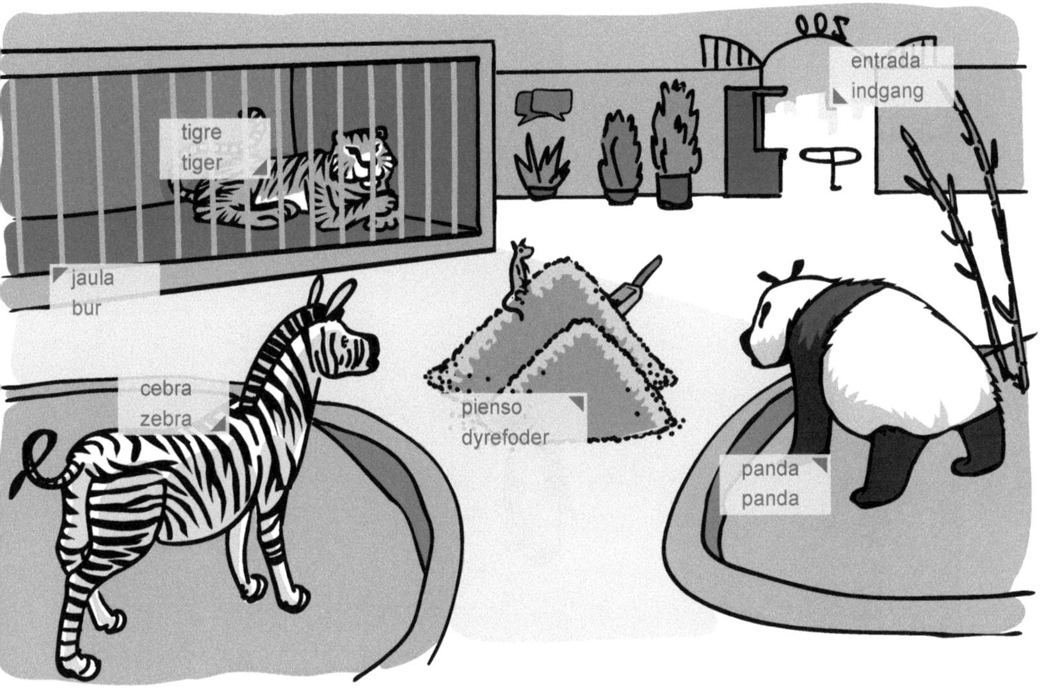
entrada
indgang
tigre
tiger
jaula
bur
cebra
zebra
pienso
dyrefoder
panda
panda

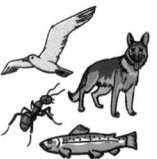

animales

dyr

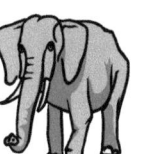

elefante

elefant

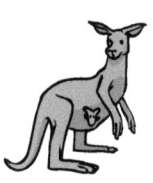

canguro

kænguru

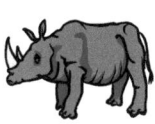

rinoceronte

næsehorn

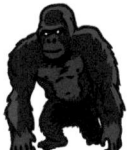

gorila

gorilla

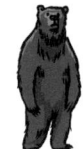

oso

bjørn

camello

kamel

avestruz

struds

león

løve

mono

abe

flamingo

flamingo

loro

papegøje

oso polar

isbjørn

pingüino

pingvin

tiburón

haj

pavo real

páfugl

serpiente

slange

cocodrilo

krokodille

guardián de zoológico

dyrepasser

foca

sæl

jaguar

jaguar

poni
pony

leopardo
leopard

hipopótamo
flodhest

jirafa
giraf

águila
ørn

jabalí
vildsvin

pescado
fisk

tortuga
skildpadde

morsa
hvalros

zorro
ræv

gacela
gazelle

fútbol americano
amerikansk football

ciclismo
cykling

tenis
tennis

baloncesto
basketball

natación
svømning

hockey sobre hielo
ishockey

boxeo
boksning

fútbol
fodbold

bádminton
badminton

atletismo
atletik

balonmano
håndbold

esquí
skiløb

polo
polo

saltar
springe

abrazar
give et knus

reír
grine

caminar
gå

cantar
synge

soñar
drømme

rezar
bede

besar
kysse

escribir
skrive

dibujar
tegne

mostrar
vise

empujar
skubbe

dar
give

tomar
tage

tener
have

hacer
gøre

ser
være

estar de pie
stå

correr
løbe

tirar
trække

tirar
kaste

caer
falde

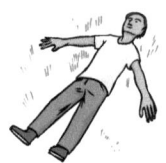

yacer
ligge

esperar
vente

llevar
bære

estar sentado
sidde

vestirse
tage på

dormir
sove

despertar
vågne

mirar

se på

llorar

græde

acariciar

ae

peinar

kæmme

hablar

tale

entender

forstå

preguntar

spørge

escuchar

høre

beber

drikke

comer

spise

ordenar

rydde op

amar

elske

cocinar

koge

conducir

køre

volar

flyve

actividades - aktiviteter

navegar

sejle

calcular

regne

leer

læse

aprender

lære

trabajar

arbejde

casarse

gifte sig med

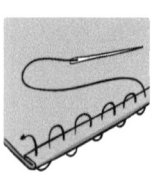

coser

sy

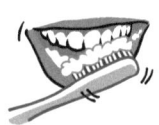

cepillarse los dientes

børste tænder

matar

dræbe

fumar

ryge

enviar

sende

abuela
bedstemor

abuelo
bedstefar

padre
far

madre
mor

bebé
baby

hija
datter

hijo
søn

invitado

gæst

tía

tante

tío

onkel

hermano

bror

hermana

søster

cuerpo

krop

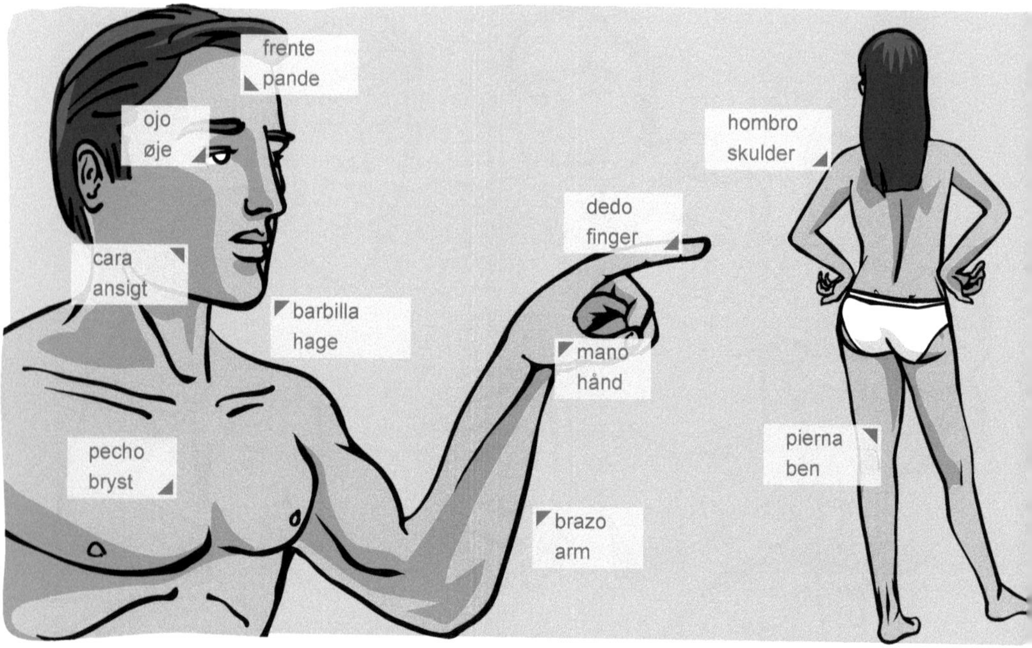
frente
pande
ojo
øje
hombro
skulder
dedo
finger
cara
ansigt
barbilla
hage
mano
hånd
pecho
bryst
pierna
ben
brazo
arm

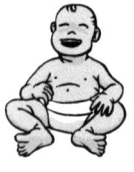

bebé

baby

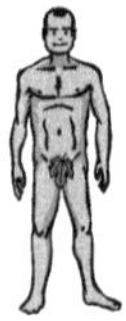

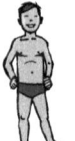

hombre

mand

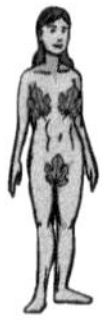

mujer

kvinde

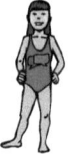

chica

pige

chico

dreng

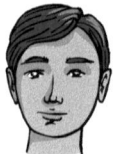

cabeza

hoved

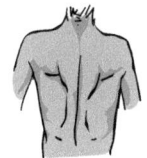

espalda

ryg

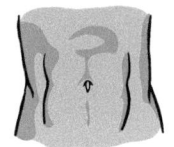

vientre

mave

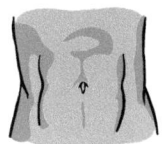

ombligo

navle

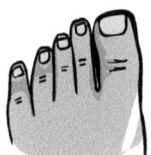

dedo del pie

tå

talón

hæl

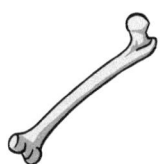

hueso

knogle

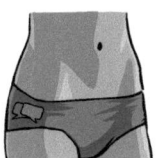

cadera

hofte

rodilla

knæ

codo

albue

nariz

næse

trasero

bagdel

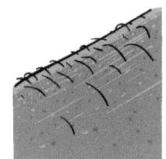

piel

hud

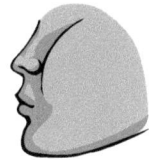

mejilla

kind

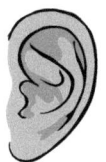

oído

øre

labio

læbe

boca

mund

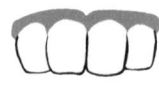

diente

tand

lengua

tunge

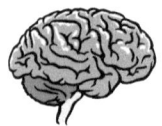

cerebro

hjerne

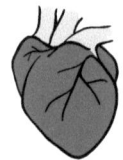

corazón

hjerte

músculo

muskel

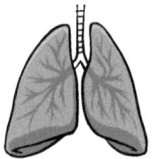

pulmón

lunge

hígado

lever

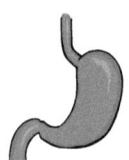

estómago

mavesæk

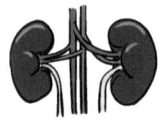

riñones

nyrer

sexo

sex

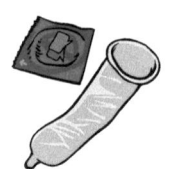

condón

kondom

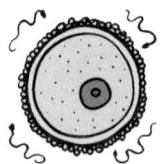

ovario

ægcelle

semen

sperm

embarazo

svangerskab

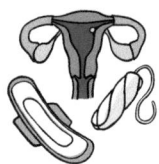

menstruación

menstruation

vagina

vagina

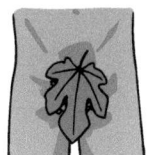

pene

penis

ceja

øjenbryn

pelo

hår

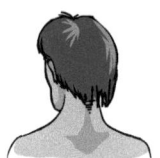

cuello

hals

hospital
sygehus

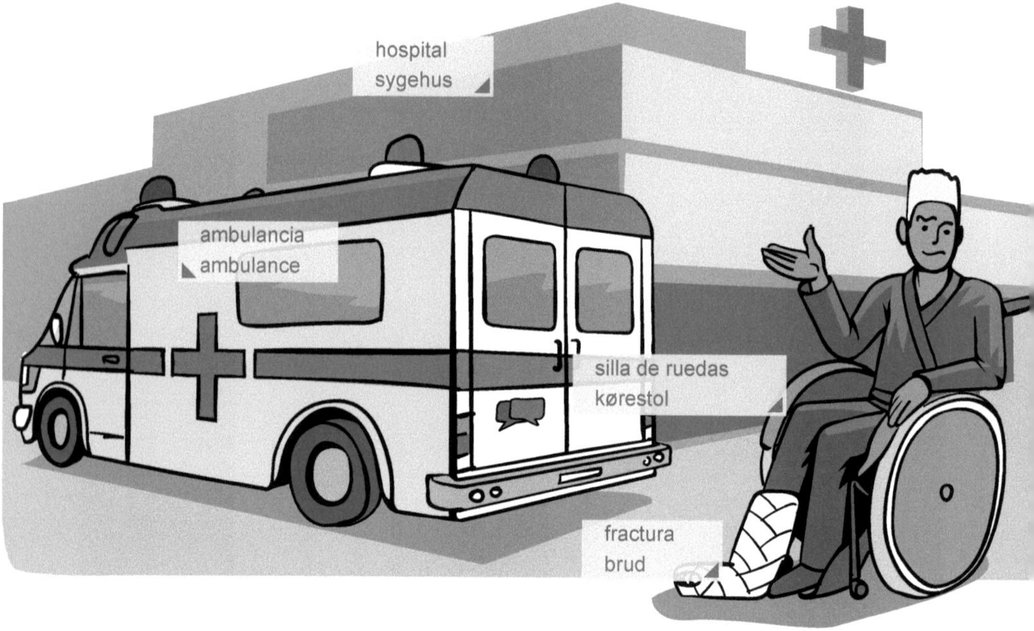

hospital
sygehus
ambulancia
ambulance
silla de ruedas
kørestol
fractura
brud

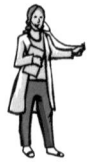

médico
....
læge

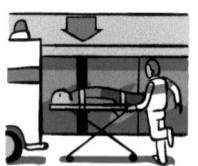

sala de urgencias
....
akutmodtagelse

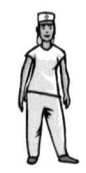

enfermera
....
sygeplejerske

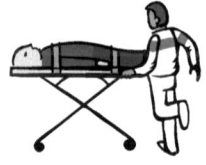

urgencia
....
nødstilfælde

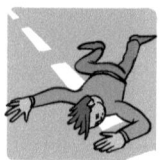

inconsciente
....
bevidstløs

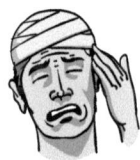

dolor
....
smerte

lesión
skade

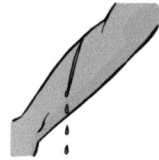

hemorragia
blødning

infarto
hjerteinfarkt

ictus
slagtilfælde

alergia
allergi

tos
hoste

fiebre
feber

gripe
influenza

diarrea
diarré

dolor de cabeza
hovedpine

cáncer
kræft

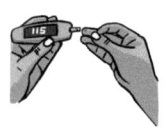

diabetes
diabetes

cirujano
kirurg

bisturí
skalpel

operación
operation

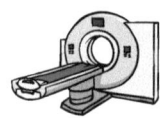

TAC

CT

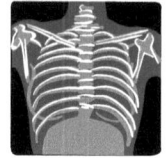

rayos x

røntgen

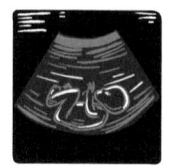

ultrasonido

ultralyd

mascarilla

maske

enfermedad

sygdom

sala de espera

venteværelse

muleta

krykke

tirita

plaster

venda

forbinding

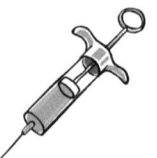

inyección

injektion

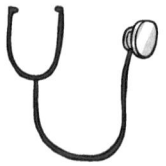

estetoscopio

stetoskop

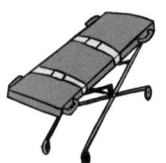

camilla

båre

termómetro

termometer

nacimiento

fødsel

sobrepeso

overvægt

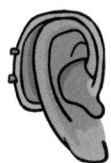

audífono

høreapparat

desinfectante

desinficerende middel

infección

infektion

virus

virus

VIH / SIDA

HIV / AIDS

medicina

medicin

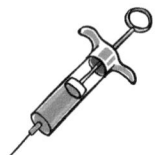

vacunación

vaccination

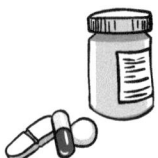

tabletas

tabletter

pastilla

pille

llamada de urgencia

nødopkald

tensiómetro

blodtryksmåler

enfermo / sano

syg / rask

¡Socorro!

Hjælp!

alarma

alarm

asalto

overfald

ataque

angreb

peligro

fare

salida de emergencia

nødudgang

¡Fuego!

Det brænder!

extintor de incendios

ildslukker

accidente

uheld

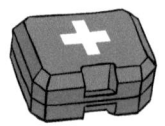

botiquín de primeros auxilios

førstehjælps-kuffert

SOS

SOS

policía

politi

Europa

Europa

Norteamérica

Nordamerika

Sudamérica

Sydamerika

África

Afrika

Asia

Asien

Australia

Australien

Atlántico

Atlanterhavet

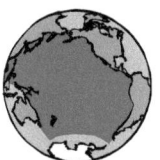

Pacífico

Stillehavet

Océano Índico

Indiske Ocean

Océano Antártico

Sydlige Ishav

Océano Ártico

Ishav

polo norte

Nordpol

polo sur

Sydpol

Antártida

Antarktis

tierra

Jorden

tierra

land

mar

hav

isla

ø

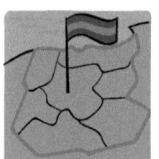

nación

nation

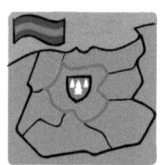

estado

stat

esfera

urskive

manecilla de las horas

timeviser

minutero

minutviser

segundero

sekundviser

¿Qué hora es?

Hvad er klokken?

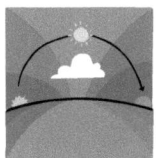

día

dag

tiempo

tid

ahora

nu

reloj digital

digitalur

minuto

minut

hora

time

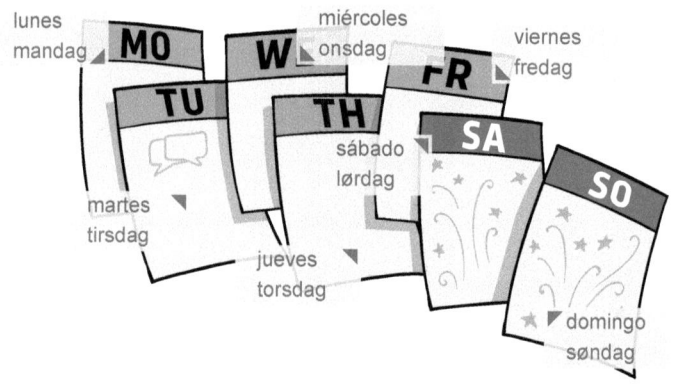

lunes
mandag

miércoles
onsdag

viernes
fredag

martes
tirsdag

sábado
lørdag

jueves
torsdag

domingo
søndag

ayer

i går

hoy

i dag

mañana

i morgen

mañana

morgen

mediodía

middag

tarde

aften

MO	TU	WE	TH	FR	SA	SU
1	2	3	4	5	6	7
8	9	10	11	12	13	14
15	16	17	18	19	20	21
22	23	24	25	26	27	28
29	30	31	1	2	3	4

días laborables

arbejdsdage

MO	TU	WE	TH	FR	SA	SU
1	2	3	4	5	6	7
8	9	10	11	12	13	14
15	16	17	18	19	20	21
22	23	24	25	26	27	28
29	30	31	1	2	3	4

fin de semana

weekend

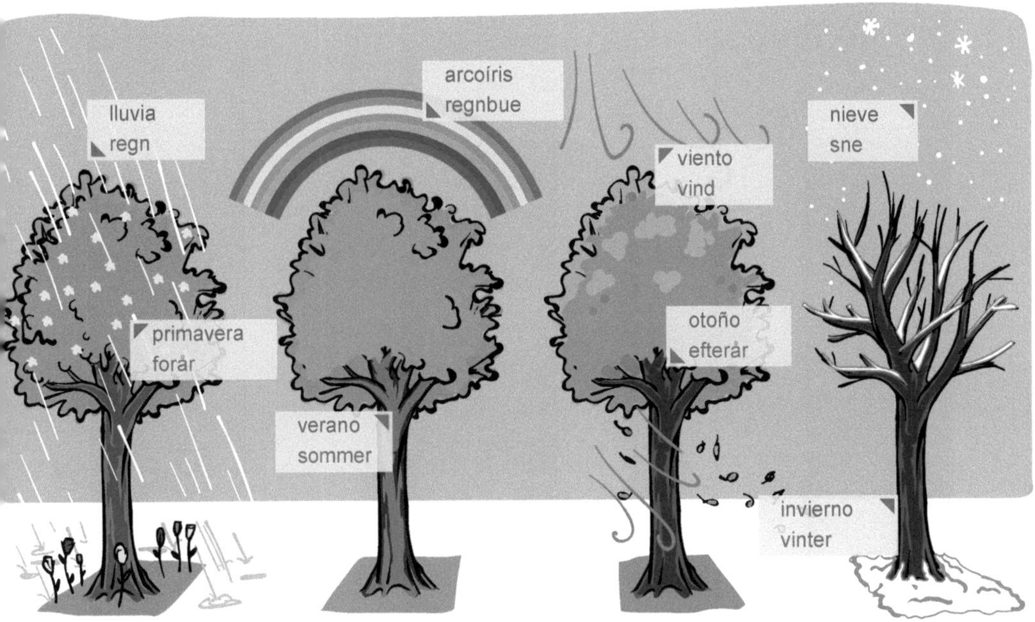

lluvia
regn

arcoíris
regnbue

nieve
sne

viento
vind

primavera
forår

otoño
efterår

verano
sommer

invierno
vinter

4.APRIL	11°	☀
5.APRIL	4°	☁
6.APRIL	13°	⛆
7.APRIL	8°	☀
8.APRIL	10°	☀

pronóstico del tiempo
....
vejrudsigt

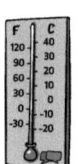

termómetro
....
termometer

sol
....
solskin

nube
....
sky

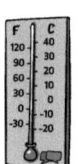

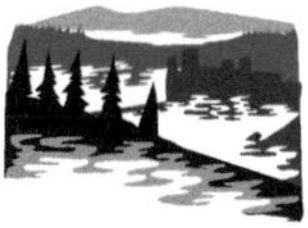

niebla
....
tåge

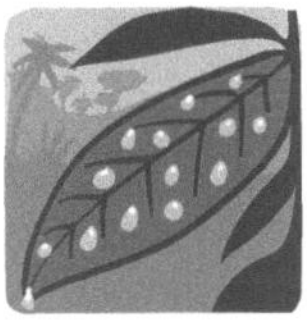

humedad
....
luftfugtighed

rayo

lyn

trueno

torden

tormenta

storm

granizo

hagl

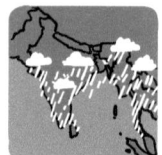

monzón

monsun

inundación

flod

hielo

is

enero

januar

febrero

februar

marzo

marts

abril

april

mayo

maj

junio

juni

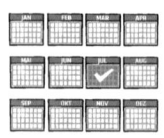

julio

juli

agosto

august

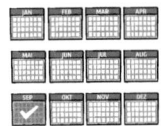

septiembre
....
september

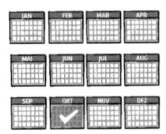

octubre
....
oktober

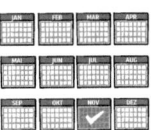

noviembre
....
november

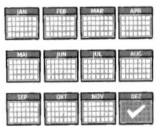

diciembre
....
december

formas
former

círculo
....
cirkel

cuadrado
....
kvadrat

rectángulo
....
firkant

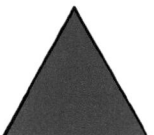

triángulo
....
trekant

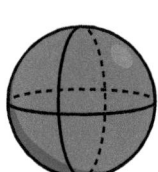

esfera
....
kugle

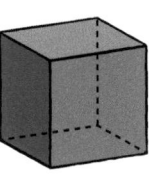

cubo
....
terning

blanco
hvid

amarillo
gul

anaranjado
orange

rosa
pink

rojo
rød

morado
lilla

azul
blå

verde
grøn

marrón
brun

gris
grå

negro
sort

mucho / poco

meget / lidt

enojado / tranquilo

rasende / fredelig

bonito / feo

smuk / grim

principio / fin

begyndelse / slut

grande / pequeño

stor / lille

claro / oscuro

lys / mørk

hermano / hermana

bror / søster

limpio / sucio

ren / snavset

completo / incompleto

fuldkommen / ufuldkommen

día / noche

dag / nat

muerto / vivo

død / levende

ancho / estrecho

bred / smal

comestible / no comestible

spiselig / uspiselig

malo / amable

vred / venlig

entusiasmado / aburrido

ophidset / kedet

gordo / delgado

tyk / tynd

primero / último

først / sidst

amigo / enemigo

ven / fjende

lleno / vacío

fuld / tom

duro / blando

hård / blød

pesado / ligero

tung / let

hambre / sed

sult / tørst

enfermo / sano

syg / rask

ilegal / legal

illegal / legal

inteligente / tonto

intelligent / dum

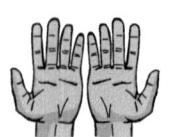

izquierda / derecha

venstre / højre

cerca / lejos

nær / fjern

nuevo / usado

ny / brugt

nada / algo

intet / noget

viejo / joven

gammel / ung

encendido / apagado

tændt / slukket

abierto / cerrado

åben / lukket

silencioso / ruidoso

stille / højt

rico / pobre

rig / fattig

correcto / incorrecto

rigtig / forkert

áspero / suave

ru / glat

triste / contento

ked af det / lykkelig

corto / largo

kort / lang

lento / rápido

langsom / hurtig

húmedo / seco

våd / tør

cálido / frío

varm / kold

guerra / paz

krig / fred

números

tal

0	1	2
cero	uno	dos
nul	en	to

3	4	5
tres	cuatro	cinco
tre	fire	fem

6	7	8
seis	siete	ocho
seks	syv	otte

9	10	11
nueve	diez	once
ni	ti	elleve

12

doce

tolv

13

trece

tretten

14

catorce

fjorten

15

quince

femten

16

dieciséis

seksten

17

diecisiete

sytten

18

dieciocho

atten

19

diecinueve

nitten

20

veinte

tyve

100

cien

hundrede

1.000

mil

tusinde

1.000.000

millón

million

inglés

engelsk

inglés americano

amerikansk engelsk

chino mandarín

kinesisk mandarin

hindi

hindi

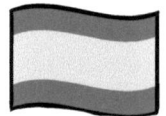

español

spansk

francés

fransk

árabe

arabisk

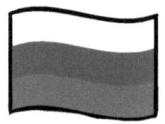

ruso

russisk

portugués

portugisisk

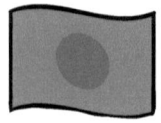

bengalí

bengalsk

alemán

tysk

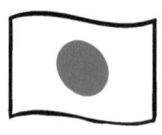

japonés

japansk

yo

jeg

tú

du

él / ella / ello

han / hun / den / det

nosotros/as

vi

vosotros/as

I

ellos/as

de

¿quién?

hvem?

¿qué?

hvad?

¿cómo?

hvordan?

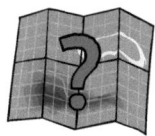

¿dónde?

hvor?

¿cuándo?

hvornår?

nombre

navn

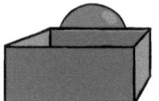

detrás

bag

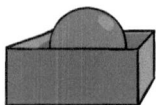

en

i

delante de

foran

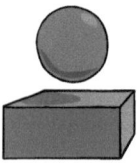

por encima de

over

sobre

på

debajo de

under

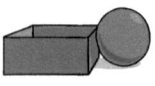

junto a

ved siden af

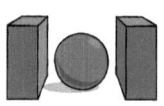

entre

imellem

lugar

sted